AF332735

JOURNAL ABRÉGÉ

DES ÉVÉNEMENS

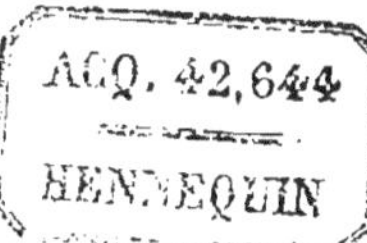

QUI ONT AMENÉ EN FRANCE LE CHANGEMENT

DU GOUVERNEMENT,

ET LE RETOUR AU TRÔNE

DE LA MAISON DE BOURBON.

A LYON.

1814.

JOURNAL ABRÉGÉ

Des événemens qui ont amené en France le changement du Gouvernement, et le retour au trône de la maison de Bourbon.

LA France, grande, forte, puissante, respectée au dehors, tranquille dans son intérieur, jouissait depuis quelques mois des douceurs d'une paix que lui avaient conquise la valeur de ses guerriers ; tout semblait lui promettre, après les violentes secousses qu'elle avait éprouvées et les luttes sanglantes qu'elle avait soutenues plusieurs fois, et dont toujours elle était sortie victorieuse, des années de calme et des jours sereins, lorsque, dans un moment fatal, son souverain conçut le projet de déclarer la guerre à celui de la Russie, sous le prétexte que ce dernier, en introduisant les vaisseaux anglais dans ses ports, violait le traité de Tilsitt.

Il fit d'immenses préparatifs pour assurer la réussite de cette guerre, et partit de sa capitale au milieu de l'année 1812, pour se mettre à la tête de la plus formidable armée qui eût jamais existé.

Toute l'Europe s'arma d'abord pour le soutenir.

Les succès les plus brillans durent faire espérer la plus heureuse issue de cette campagne. Au bout de trois mois, toute la partie de la Pologne appartenant à la Russie, toute la Lithuanie, étaient conquises. Les aigles françaises planaient sur les tours de l'antique Smolensk. Les légions russes fuyaient devant les bataillons français avec la même précipitation qu'elles fuyaient en 1700 devant les troupes suédoises : mais le même projet qui perdit Charles XII, perdit aussi Napoléon. Il se flatta de l'orgueilleuse idée de paralyser la puissance russe dans sa capitale même, et de dicter la paix au Czar dans Moscou, et dans le palais du Kremlin.

Méprisant donc toute autre considération, il s'avança témérairement vers cette ville. Le Czar ne pouvant la défendre, la fit brûler à l'approche des Français, qui y entrèrent après la célèbre bataille de la Moskwa.

La prudence eût exigé du moins de ne pas s'arrêter dans une ville qui, presque toute réduite en cendres, ne présentait plus aucune ressource, soit pour la subsistance, soit pour l'entretien de nos troupes; de se replier sur la Pologne, ou au moins sur Smolensk et la Lithuanie, pour s'y cantonner et y passer l'hiver, et de ne pas exposer ainsi l'armée, sans avoir aucun moyen pour l'en garantir, au froid rigoureux de la Russie, dans le cœur même de cet empire. Rien de tout cela ne fut fait. L'empereur des Français s'obstina, malgré les avis et les représentations de ses généraux, à rester un mois dans Moscou. Pensait-il donc que les élémens le respecteraient et seconderaient ses vues ambitieuses? Il fut cruellement puni de sa faute. Dans la trop mémorable nuit du 9 au 10 novembre, cette armée française si belle, si puissante, fut anéantie. Un froid affreux détruisit toute notre cavalerie, l'élite de notre infanterie; la faim acheva ceux que le froid avait épargnés. Ce qui échappa à la mort fut fait prisonnier; et un nombre immense des vainqueurs d'Austerlitz, de Friedland, de Wagram et de la Moskwa, se vit condamné à l'exploitation des mines de la Sibérie.

Dès ce moment, l'issue de la campagne ne fut plus douteuse. Napoléon ne dut son salut qu'à la fuite la plus prompte, car il avait également à redouter alors, et la poursuite de l'ennemi, et la vengeance de ses propres troupes, qui maudissaient un Prince si prodigue de leur vie et si peu jaloux de leur conservation; en moins de quatre mois, le théâtre de la guerre fut transféré des rives du Dnieper et de la Duna sur celles de l'Elbe et de l'Oder.

Une catastrophe aussi terrible aurait dû, ce semble, ouvrir les yeux au chef de la France, lui faire reconnaître le doigt de Dieu dans ces événemens, et lui faire désirer la paix.

Il n'en fut malheureusement pas ainsi; ne pouvant supporter l'idée de recevoir la paix, après l'avoir si souvent dictée, il résolut de tenter encore le sort des armes, sans considérer qu'il épuisait par là ses états. Des levées considérables d'hommes, des impôts excessifs furent décrétés en France; et au commencement de 1813 une nouvelle armée, presque aussi belle que la première, remplaça dans la Saxe et la Bohême ces nombreux bataillons qui avaient été anéantis dans les déserts de la Russie.

(5)

Les journées de Lutzen, de Bautzen et de Walcheren, furent aussi glorieuses cette fois pour les armées françaises, que l'avait été l'année précédente celles de la Moskwa. Napoléon triomphait, mais le même Dieu qui la campagne précédente lui avait si bien prouvé sa toute-puissance, voulant abattre enfin' ce colosse de grandeur, lui ménageait de nouveaux revers.

Dès le commencement de l'année la Prusse, qui ne l'avait jusqu'alors soutenu que malgré elle, avait saisi l'instant favorable, et s'était jetée du côté de la Russie. Au mois de juin, l'Autriche, après avoir fait de vains efforts auprès du monarque français pour l'engager à la paix, se joignit aux autres puissances alliées déjà contre lui, pour l'y forcer.

Tel était l'état des choses, lorsque se livra la fameuse bataille de Leipsik, si funeste à la France. La défection subite de toutes les troupes de la confédération du Rhin, qui combattaient dans les rangs français, et qui au fort de l'action tournèrent contre nous leurs armes et leurs efforts ; l'arrivée imprévue des troupes suédoises, qui menaçaient fortement l'armée française sur ses derrières, forcèrent nos troupes à une entière déroute. L'empereur Napoléon, poursuivi vivement, commandait l'avant-garde de l'armée ; pour échapper à l'ennemi, il n'hésita pas, sitôt qu'il l'eût traversé, à faire sauter le pont de Leipsik, sans s'inquiéter du sort de plus de 150 mille Français qui se trouvaient encore sur l'autre rive, et qui tombèrent au pouvoir de l'ennemi, avec toute l'artillerie, les bagages, le trésor, etc.

La capitale de la Saxe tomba au pouvoir des vainqueurs, qui, après avoir rapidement traversé tous les états des princes de la Confédération, parurent enfin en décembre 1813 sur les frontières de France, sur les rives du Rhin. Avant d'en forcer le passage, elles firent de nouvelles propositions de paix à Napoléon ; un congrès même eut lieu à Manheim ; mais les mêmes raisons qui précédemment avaient fait échouer les négociations de Prague, empêchèrent tout le fruit de celles-ci.

Conservant encore l'espoir de réduire ses nombreux ennemis, Napoléon épuisa, pour y réussir, les dernières ressources de la France ; les contributions furent doublées, l'élite des citoyens français fut désignée par lui pour aller combattre sous ses drapeaux.

Cependant le commerce était anéanti, l'agriculture languis-
sait faute de bras ; des larmes coulaient de tous les yeux, toutes
les familles étaient dans la désolation, et cette France, jadis si
florissante, ne présentait plus que l'aspect déchirant de la mi-
sère et du deuil. Et quel était l'auteur de tant de maux ! Je laisse
à l'histoire et à la postérité le soin de le juger...........

Tels sont, en abrégé, les événemens qui ont précédé et
amené ceux dont la France entière vient d'être témoin. Puis-
sent-ils servir de leçon aux souverains et les guérir pour jamais
de la folie des conquêtes !

Les Puissances alliées jugeant cependant, d'après l'obstina-
tion de l'empereur des Français à refuser la paix, que l'Europe
ne pourrait jouir d'un véritable état de repos tant qu'il serait
au nombre des têtes couronnées, résolurent dès-lors de ren-
verser ce superbe dominateur des nations, et ce fut avec cette
intention qu'elles pénétrèrent en France.

Les premières troupes qui arrivèrent sur notre territoire
furent les troupes autrichiennes, qui, après avoir franchi le
pays des Suisses, se présentèrent devant Genève le 27 décembre
1813. Les Genevois, jaloux de secouer le joug de Napoléon,
forcèrent la garnison de leur ville à s'éloigner, et ouvrirent
leurs portes aux vainqueurs le 29 décembre.

Dès que cet événement fut connu à Lyon, la consternation
y devint générale, cette ville se trouvant sans armes, sans
troupes, sans munitions, et sans aucun moyen de défense. Dès
ce moment jusqu'au 12 janvier, cette grande cité, ordinaire-
ment si tranquille, ne présenta que le spectacle du plus étrange
bouleversement.

Les divers magasins furent vidés en peu de jours ; un nombre
infini de marchandises en tout genre fut caché ; nombre de per-
sonnes s'expatrièrent, tous les ateliers furent fermés ; on ne
voyait dans les rues et sur les places que des groupes d'ouvriers
sans travail, dont le désœuvrement effrayant devenait journel-
lement dangereux, et pouvait porter une atteinte profonde à la
sûreté publique. L'on ne peut donner assez de louanges à la
Garde nationale, qui a fait dans ces circonstances difficiles,
pour le maintien de l'ordre public, tout ce qu'on devait
attendre de bons citoyens.

Le 12 janvier au matin, l'on apprit que l'ennemi était à
Meximieux et Montluel, et que ses avant-postes étaient à Mi-

ribel. A cette nouvelle le général Musnier, commandant de la garnison, qui était au plus de 5 à 600 conscrits nouvellement levés, se réfugia à Tassin avec l'état-major de la place. Le maréchal Augereau, qui était venu de Paris pour prendre le commandement de l'armée de Lyon, qu'on lui avait dit être de 30 mille hommes, et qui à son grand étonnement n'avait trouvé personne, partit pour Valence ; le sénateur Chaptal, commissaire de Napoléon dans la 19.e division militaire, nous fit de suite placarder une longue affiche, où il insistait sur la nécessité de tous nous armer pour repousser l'ennemi ; mais il nous invitait en même temps à nous procurer des armes et des munitions ; et tout en nous assurant que pour peu que les Lyonnais montrassent de l'énergie, la ville ne serait point la proie de l'ennemi, il montait dans sa voiture, se dirigeant sur Clermont, où il allait sans doute annoncer aussi la prochaine arrivée de l'ennemi, et remplir par là sa singulière mission.

Le 17 janvier, un parlementaire Autrichien fut introduit dans nos murs, et somma la ville de se rendre ; mais attendu le petit nombre des ennemis, car ils n'étaient pas au-delà de 15 à 1800 hommes, l'entrée de la ville leur fut refusée. Ils se contentèrent donc pour cette fois de piller tous nos environs, de nous braver jusque sur les hauteurs de Montessuy et de la Boucle, de dévaster le château de Lapape, et de rendre visite au poste de la garde nationale placé aux portes de la Croix-Rousse.

Ils se replièrent de-là sur Montluel, qu'ils accablèrent de réquisitions en tous genres, ainsi que tous les pays qu'ils occupaient.

Le maréchal Augereau revint à Lyon quelques jours après, amenant avec lui quelques troupes qui étaient à Valence, et qui furent reçues par les Lyonnais avec les plus vives démonstrations de joie. Des ordres furent donnés au maréchal Suchet d'envoyer à Lyon une partie de son armée. L'ennemi cependant occupait toute la Bresse, la Franche-Comté et la Bourgogne ; et depuis la fin de janvier jusqu'à la fin de février, il tint Lyon dans de continuelles alarmes, et dans la crainte journalière d'être envahie. Dix à quinze mille hommes nous arrivèrent enfin d'Espagne, et joints à quelques cents de conscrits, de gardes nationales, ils formèrent un corps d'environ 20 mille hommes. Ils eurent d'abord débarrassé nos environs de l'ennemi. Meximieux, Bourg, Mâcon furent délivrés. Les Autrichiens fuyaient à la vue de ces braves grenadiers du 7.e régiment de ligne , qui marchaient contre eux , la bayonnette en avant , avec une ardeur qui n'appartient qu'aux soldats de notre nation.

La Franche-Comté était presque toute au pouvoir des Français ; Augereau avait , au bout de peu de jours , son quartier-général à Lons-le-Saulnier ; le fort de l'Ecluse , Carrouge étaient repris ; Genève était assiégée , lorsque le Maréchal apprit qu'une division ennemie , qu'on lui évalua être de 20 à 24 mille hommes , était rentrée dans Mâcon , se portait sur Villefranche , et menaçait Lyon. Abandonnant de suite , à cette nouvelle , toutes ses conquêtes , il rentra dans Lyon avec ses troupes , le 9 mars , et partit le surlendemain pour Villefranche. Son armée eut d'abord rencontré l'ennemi ; une affaire très-chaude eut lieu à la Maison-Blanche ; nos troupes y firent des prodiges de valeur ; les cuirassiers du 13.e régiment firent beaucoup de mal à l'ennemi ; il fallut cependant céder à la supériorité du nombre. Villefranche , qui fut défendue jusque dans ses rues , fut prise et livrée au pillage ; les Français prirent position sur les hauteurs de Limonest , qu'ils défendirent jusqu'à la fin avec un courage digne des plus grands éloges. Le samedi , 19 mars , ils étaient encore maîtres de ces hauteurs ; rien n'annonçait encore la prise prochaine de Lyon ; ce ne fut que le lendemain dimanche , 20 mars , que le sort de cette ville fut décidé.

L'ennemi attaqua nos troupes vers le milieu du jour ; sa supériorité numérique était trop forte pour qu'il fût possible de pouvoir lui résister. Les Français se replièrent en combattant sur les hauteurs de Balmont , et s'y battirent toute l'après-midi. Le canon s'entendit à Lyon à 2 heures , et gronda d'une manière effrayante jusqu'à 6 heures du soir.

Témoin oculaire du combat qui eut lieu à Balmont , je puis attester que si les Autrichiens n'eussent été qu'en nombre double des Français , ces derniers les eussent fait reculer.

500 grenadiers du 7.e régiment ont contenu , et ont soutenu le choc de près de 1500 Autrichiens. Quel fléau , grand Dieu , que la guerre ! Qui n'eût pas frémi à la vue de cette terrible fusillade , qui mit 10 mille hommes hors de combat , tant Autrichiens que Français ! (sur ces 10 mille hommes , il y en a eu au moins 7 mille d'Autrichiens). Qui n'eût pas frémi en voyant ces horribles bouches à feu , qui , à chaque décharge , renver-

saient 15 à 20 hommes ! Quel spectacle déchirant que celui qu'offraient ces malheureuses campagnes où se passait l'action, et dont les tristes habitans se réfugiaient en foule dans Lyon, avec ce qu'ils avaient pu sauver de plus précieux !

L'alarme cependant était à son comble dans la ville ; le bruit du canon qui se rapprochait toujours, portait l'épouvante jusque dans l'ame des plus intrépides. Lyon se crut perdu, et l'eût été sans la sage conduite du maréchal Augereau.

Ce brave général, voyant que l'ennemi débouchait de tous côtés, car l'on se battait aussi à Dardilly et aux roches d'Ecully (ce dernier endroit a été abîmé, on y a enterré plus de 4000 hommes, et huit jours après la terre y était encore teinte de sang), jugea qu'une plus longue résistance entraînerait infailliblement la perte de Lyon ; il se contenta donc de contenir l'ennemi jusqu'à la nuit, afin qu'on n'entrat dans la ville que le lendemain, et qu'il eût par-là le temps de faire évacuer tous les effets militaires, et il effectua sa retraite sur Vienne dans la nuit du dimanche au lundi.

Les Lyonnais n'oublieront jamais ce qu'ils doivent au maréchal Augereau ; il a acquis des droits éternels à notre reconnaissance, car il eût pu se défendre encore dans la ville, qui eût alors indubitablement été livrée au sac et au pillage ; et il eût en cela suivi les intentions de Napoléon, à qui il importait bien peu que ses villes fussent saccagées, pouvu que l'ennemi éprouvât à s'en emparer une grande résistance.

Le lundi 21 mars, à 5 heures du matin, le maire de Lyon se rendit au quartier-général ennemi pour présenter au chef de l'armée les clefs de la ville, et lui demander protection pour la cité : elle lui fut accordée. L'armée entra par le faubourg de Vaize, à 10 heures du matin ; elle était forte d'au moins 60,000 hommes, et commandée par S. A. S. le prince héréditaire de Hesse-Hombourg. Une foule immense se portait sur son passage, et ne pouvait se lasser d'admirer la belle tenue de ces troupes, notamment de la cavalerie.

Les environs de la ville ont été ruinés et pillés, mais Lyon n'a pas eu à se plaindre de la conduite de l'armée alliée ; le comte de Salins commandait la place au nom de S. M. I. R. A. l'empereur d'Autriche.

Pendant que ces événemens se passaient à Lyon, les armées Russe et Prussienne avaient de leur côté passé le Rhin dès le mois de février, et s'étaient avancées successivement jusqu'aux portes de Paris. L'empereur, après plusieurs affaires sanglantes, était parvenu à les repousser de 20 à 30 lieues de la capitale.

Nous étions cependant privés, depuis l'entrée des Autrichiens dans nos murs, de toutes nouvelles de nos armées, lorsque les autorités autrichiennes nous annoncèrent la prise de Bordeaux par les Anglais, et la déclaration de cette ville pour la maison de Bourbon.

On doutait encore à Lyon de la vérité de cette nouvelle, lorsqu'une autre affiche nous apprit, le 7 avril, que les armées des Puissances alliées étaient entrées dans Paris le 31 mars, ayant à leur tête les souverains de Russie et de Prusse, le grand duc Constantin et le prince de Schwartzenberg ; que ces mêmes souverains avaient eu les plus grands égards pour Paris, mais qu'ils déclaraient ne vouloir plus traiter avec Napoléon et sa famille ; qu'ensuite de cette déclaration le sénat avait, le 2 avril, prononcé la déchéance de Napoléon Buonaparte ; qu'il reconnaissait pour le légitime monarque de la France Louis-Stanislas-Xavier, frère du vertueux Louis XVI, et procédait à la nomination d'un gouvernement provisoire.

A peine cette nouvelle fut-elle répandue dans Lyon, que, d'après l'invitation de l'autorité, nombre d'habitans prirent la cocarde blanche, couleur distinctive de la maison de Bourbon. Le Roi fut solennellement proclamé le vendredi 8 avril, à 3 heures de l'après-midi, sur la place de Louis-le-Grand, et des cris unanimes de vive le Roi se firent entendre. De brillantes illuminations eurent lieu pendant trois jours ; et le dimanche, 17 avril, un *Te Deum* solennel fut chanté dans l'église métropolitaine pour remercier Dieu d'un si heureux événement.

La satisfaction publique était à son comble, sur-tout quand on sut que ce changement s'était opéré sans effusion de sang, et était l'ouvrage de ces magnanimes souverains, qui avaient pourtant de si justes sujets de vengeance contre la France.

Napoléon se trouvait, au moment de la prise de Paris, à Fontainebleau avec son armée, qui l'abandonna, ainsi que tous ses généraux, dès qu'ils eurent connaissance de la délibération du sénat ; et, chose remarquable, ce superbe potentat se vit arrêté et renfermé à Fontainebleau, dans ce même palais où, pendant si long-temps, il a retenu prisonnier le chef suprême de l'église.

Le 11 avril il signa son abdication, pour lui et ses héritiers, aux trônes de France et d'Italie, et maintenant dévore dans l'île d'Elbe son impuissante rage.

Qui eût pu prévoir un pareil changement ! Bénissons et remercions le Dieu qui a daigné jeter un coup-d'œil de miséricorde sur la France, en la délivrant d'un tel fléau, pour la remettre sous la domination bienfaisante de ses princes légitimes.

Oui, nous sommes délivrés de cet homme qui a inondé l'Europe de sang, et abreuvé la France de larmes ; de cet homme qui n'a pas craint de se souiller du meurtre d'un prince vertueux, à qui il ne pouvait reprocher que la noblesse du sang qui coulait dans ses veines ; de cet homme qui, pendant 6 ans, a retenu captif et accablé des plus indécens outrages, après lui avoir enlevé ses états, le pontife respectable à qui il devait l'affermissement de sa puissance ; de cet homme enfin qui, par un procédé inouï et vraiment digne de lui, après avoir arraché à l'Espagne ses légitimes souverains, a porté pendant sept ans dans cette péninsule malheureuse tous les fléaux de la guerre, pour la forcer à reconnaître une dynastie qu'elle ne pouvait qu'abhorrer, puisqu'elle portait son nom.

Lorsqu'il s'empara, il y a onze ans, des rênes du gouvernement, il nous délivra de la tyrannie du directoire, il releva nos autels, il rendit la paix à la France ; mais il ne nous a délivrés de la tyrannie du directoire, que pour nous accabler d'un joug plus insupportable encore ; mais il ne nous a rendu le culte de nos pères, que pour le persécuter avec la plus grande fureur ; mais il a détruit notre commerce, perdu nos colonies, immolé à son ambition cinq millions d'hommes ; mais il a rendu le nom français en exécration à l'univers entier, il a porté la dévastation et le feu dans les contrées les plus éloignées, il a enfin armé l'Europe entière contre la France, et a livré ensuite cette France à l'invasion. Le Très-Haut a eu pitié de nous ; Dieu l'a frappé ! il a succombé ! Sa chute rapide est le résultat de ses projets ambitieux et gigantesques ; la génération la plus reculée ne prononcera son nom qu'avec horreur ; la France est enfin délivrée de son odieuse présence.

Puisse-t-il, dans le lieu de sa retraite, puisse-t-il frémir à la vue des maux de tout genre dont il a accablé la brave et malheureuse nation qui lui avait confié le soin de la rendre heureuse ! et puisse le repentir pénétrer son cœur, si toutefois il

est capable de remords ! C'est le dernier vœu que nous puis-
sions former pour lui.

Il nous est enfin rendu après 21 ans d'absence, ce prince si
digne de notre amour, si respectable par ses longs malheurs,
cet illustre rejeton d'une race auguste qui a fait notre bonheur
pendant huit siècles, le descendant de Henri-le-Grand, enfin
le frère de Louis XVI ; il revient au milieu de nous, ce bon
Roi, il nous apporte la paix, la tranquillité et le bonheur.

Déjà nous ressentons les bienfaits de ce nouveau gouvernement ; déjà il est mis en liberté et rentré dans ses états ce Pontife courageux, ce digne successeur de Pierre, qui a donné à
l'univers de si grands exemples de fermeté, de patience et de
résignation, et que les ressentimens odieux de la plus barbare
tyrannie n'ont pu faire manquer un instant à ce qu'il doit à
l'église, dont il est le chef.

Déjà elle est renvoyée sous le toit paternel, cette jeunesse
qu'une loi inouie, et digne enfin de Buonaparte, appelait aux
armes avant d'avoir la force de les porter, et condamnait à la
mort avant d'avoir goûté aucune des douceurs de la vie : espé-
rons tout de ce nouvel ordre de choses. Notre Souverain est
Français, il est le fils d'Henri IV, il est le frère de ce roi qui,
en mourant victime de la fureur d'un peuple égaré, faisait des
vœux pour le bonheur de ce peuple ; comme Français, il ai-
mera les Français ; comme fils d'Henri IV, il s'occupera de
leur félicité. Les plaies de la France sont profondes, mais
notre Roi n'a-t-il pas dans son cœur, dans celui de tout son
peuple, des trésors inépuisables ?

Oui, Français, nous serons heureux sous l'heureux empire
des lis. Que toutes les opinions se confondent donc maintenant ;
jetons un voile sur le passé, ne songeons qu'à l'avenir ; il se
présente à nous sous un aspect si riant ! Confondons-nous tous
dans notre amour pour notre Roi, et réunissons-nous tous pour
faire retentir les airs, à l'envi, de ce chant vraiment national,
de ce refrein vraiment Français :

VIVE LE ROI ! VIVENT LES BOURBONS !

P. A....